AF144883

RUDOLF STEINER

DIE GRUNDSTEINLEGUNG

RUDOLF STEINER

DIE GRUNDSTEINLEGUNG DER ALLGEMEINEN ANTHROPOSOPHISCHEN GESELLSCHAFT

25. Dezember 1923 bis 1. Januar 1924

2003

RUDOLF STEINER VERLAG

Nach einer vom Vortragenden nicht durchgesehenen Nachschrift
herausgegeben von der Rudolf Steiner-Nachlaßverwaltung

EINZELAUSGABE

1. Auflage Dornach 1955
2. Auflage Dornach 1958
3., veränderte Auflage Dornach 1969
4. Auflage, Dornach 1978
5., veränderte Auflage, Dornach 1986
6., veränderte Auflage, Dornach 2003

Zeichen auf dem Umschlag nach einem Entwurf Rudolf Steiners,
Schrift von Benedikt Marzahn

Sonderdruck aus Bibliographie-Nr. 260:
«Die Weihnachtstagung zur Begründung der Allgemeinen
Anthroposophischen Gesellschaft 1923/1924»
Rudolf Steiner Gesamtausgabe Dornach 1994

Satz: Verlag / Bindung: Spinner Gmbh, Ottersweier
Printed in Germany by Konkordia Druck GmbH, Bühl
ISBN 3-7274-5224-2

INHALT

ZU DIESER AUSGABE

Die vorliegende Ausgabe ist ein Sonderdruck aus dem Band der Rudolf Steiner Gesamtausgabe: «Die Weihnachtstagung zur Begründung der Allgemeinen Anthroposophischen Gesellschaft» (GA 260), der die Vorträge, Ansprachen und Statutenberatungen Rudolf Steiners bei der Neubegründung der Anthroposophischen Gesellschaft zwischen dem 24. Dezember 1923 und 1. Januar 1924 enthält. Bei der ersten Gründungsversammlung am Vormittag des 25. Dezember stellte Rudolf Steiner die Meditationsworte des Grundsteinspruches als eine «Zusammenfassung desjenigen, was als wichtigstes Ergebnis der letzten Jahre vor Ihnen stehen kann», mit weiteren Ausführungen dazu vor die versammelten Mitglieder hin. Dieser Grundsteinspruch mit Betrachtungen der ihm innewohnenden «Rhythmen» stand auch an den folgenden sieben Tagen jeweils am Beginn, bevor die Statutenbesprechungen fortgesetzt wurden; das letzte Mal erklang er zum Abschluß der Tagung in Rudolf Steiners Abschiedsworten am Abend des 1. Januar 1924.

In dem Band «Die Weihnachtstagung ...» stehen die hier zusammengefaßten Wortlaute im Zusammenhang mit den Veranstaltungen im chronologischen Fortgang der Weihnachtstagung. Nähere Angaben zur Textgestaltung finden sich auf den Seiten 70 und 71 dieser Ausgabe.

DER GRUNDSTEINLEGUNGSSPRUCH

Aus dem Aufsatz «Die Bildung der
Allgemeinen Anthroposophischen Gesellschaft
durch die Weihnachtstagung 1923»
Nachrichtenblatt 1. Jg., Nr. 1, 13. Januar 1924

... Im engsten Zusammenhang mit der Eröffnungsversammlung vom Vormittag des 25. Dezember stand
die Festlichkeit am Morgen des 25., die den Namen trug:
«Grundsteinlegung der Allgemeinen Anthroposophischen Gesellschaft».

Es konnte sich dabei nur um eine ideell-geistige
Grundsteinlegung handeln. Der Boden, in den der
«Grundstein» gelegt wurde, konnten nur die Herzen
und Seelen der in der Gesellschaft vereinigten Persön-
lichkeiten sein; und der Grundstein selbst muß die aus
der anthroposophischen Lebensgestaltung quellende
Gesinnung sein. Diese Gesinnung bildet in der Art, wie
sie von den Zeichen der gegenwärtigen Zeit gefordert
wird, der Wille, durch menschliche Seelenvertiefung den
Weg zum Anschauen des Geistes und zum Leben aus
dem Geiste zu finden. Ich möchte zunächst hieher
setzen, womit ich in Spruchform den «Grundstein» zu
gestalten versuchte und die weitere Schilderung der
Eröffnungsversammlung in der nächsten Nummer
dieses Mitteilungsblattes geben.

Menschenseele!
Du lebest in den Gliedern,
Die dich durch die Raumeswelt
In das Geistesmeereswesen tragen:
Übe *Geist-Erinnern*
In Seelentiefen,
Wo in waltendem
Weltenschöpfer-Sein
Das eigne Ich
Im Gottes-Ich
Erweset;
Und du wirst wahrhaft *leben*
Im Menschen-Welten-Wesen.

Denn es waltet der Vater-Geist der Höhen
In den Weltentiefen Sein-erzeugend:
Ihr Kräfte-Geister
Lasset aus den Höhen erklingen,
Was in den Tiefen das Echo findet;
Dieses spricht:
Aus dem Göttlichen weset die Menschheit.
Das hören die Geister in Ost, West, Nord, Süd:
Menschen mögen es hören.

Menschenseele!
Du lebest in dem Herzens-Lungen-Schlage,
Der dich durch den Zeitenrhythmus
Ins eigne Seelenwesensfühlen leitet:
Übe *Geist-Besinnen*
Im Seelengleichgewichte,
Wo die wogenden
Welten-Werde-Taten
Das eigne Ich
Dem Welten-Ich
Vereinen;
Und du wirst wahrhaft *fühlen*
Im Menschen-Seelen-Wirken.

Denn es waltet der Christus-Wille im Umkreis
In den Weltenrhythmen Seelen-begnadend:
Ihr Lichtes-Geister
Lasset vom Osten befeuern,
Was durch den Westen sich formet;
Dieses spricht:
In dem Christus wird Leben der Tod.
Das hören die Geister in Ost, West, Nord, Süd:
Menschen mögen es hören.

Menschenseele!
Du lebest im ruhenden Haupte,
Das dir aus Ewigkeitsgründen
Die Weltgedanken erschließet:
Übe *Geist-Erschauen*
In Gedanken-Ruhe,
Wo die ew'gen Götterziele
Welten-Wesens-Licht
Dem eignen Ich
Zu freiem Wollen
Schenken;
Und du wirst wahrhaft *denken*
In Menschen-Geistes-Gründen.

Denn es walten des Geistes Weltgedanken
Im Weltenwesen Licht-erflehend:
Ihr Seelen-Geister
Lasset aus den Tiefen erbitten,
Was in den Höhen erhöret wird;
Dieses spricht:
In des Geistes Weltgedanken erwachet die Seele.
Das hören die Geister in Ost, West, Nord, Süd:
Menschen mögen es hören.

In der Zeiten Wende
Trat das Welten-Geistes-Licht
In den irdischen Wesensstrom;
Nacht-Dunkel
Hatte ausgewaltet;
Taghelles Licht
Erstrahlte in Menschenseelen;
Licht,
Das erwärmet
Die armen Hirtenherzen;
Licht,
Das erleuchtet
Die weisen Königshäupter.

Göttliches Licht,
Christus-Sonne
Erwärme
Unsere Herzen;
Erleuchte
Unsere Häupter;
Daß gut werde,
Was wir
Aus Herzen gründen,
Was wir
Aus Häuptern führen
Wollen.

GRUNDSTEINLEGUNG DER ALLGEMEINEN ANTHROPOSOPHISCHEN GESELLSCHAFT

durch Rudolf Steiner
am Dienstag, 25. Dezember 1923, 10 Uhr vormittags

Meine lieben Freunde! Als erste Worte klinge heute durch unseren Saal die Zusammenfassung desjenigen, was als wichtigstes Ergebnis der letzten Jahre vor Ihren Seelen stehen kann.

Es wird nachher einiges über diese zunächst zusammenfassenden Worte zu sagen sein. Zuerst aber mögen unsere Ohren von diesen Worten berührt werden, um in unserem Sinn zu erneuern aus den Zeichen der Gegenwart heraus das alte Mysterienwort: «Erkenne dich selbst.»

> Menschenseele!
> Du lebest in den Gliedern,
> Die dich durch die Raumeswelt
> Im Geistesmeereswesen tragen:
> Übe Geist-Erinnern
> In Seelentiefen,
> Wo in waltendem
> Weltenschöpfer-Sein
> Das eigne Ich
> Im Gottes-Ich
> Erweset;
> Und du wirst wahrhaft leben
> Im Menschen-Welten-Wesen.

Menschenseele!
Du lebest in dem Herzens-Lungen-Schlage,
Der dich durch den Zeitenrhythmus
Ins eigne Seelenwesensfühlen leitet:
Übe Geist-Besinnen
Im Seelengleichgewichte,
Wo die wogenden
Welten-Werde-Taten
Das eigne Ich
Dem Welten-Ich
Vereinen;
Und du wirst wahrhaft fühlen
Im Menschen-Seelen-Wirken.

Menschenseele!
Du lebest im ruhenden Haupte,
Das dir aus Ewigkeitsgründen
Die Weltgedanken erschließet:
Übe Geist-Erschauen
In Gedanken-Ruhe,
Wo die ew'gen Götterziele
Welten-Wesens-Licht
Dem eignen Ich
Zu freiem Wollen
Schenken;
Und du wirst wahrhaft denken
In Menschen-Geistes-Gründen.

Meine lieben Freunde! Wenn ich heute zurückschaue gerade auf dasjenige, was geholt werden konnte aus den Geisteswelten, während die furchtbaren Kriegsstürme die Welt durchwogten, so muß dieses paradigmatisch zusammengefaßt werden in dieser Dreiheit von Sprüchen, die eben an Euer Ohr getönt haben.

Wahrgenommen werden konnte jene Dreigliederung des Menschen, durch die der Mensch in seinem ganzen Wesen nach Geist, Seele und Leib sich in erneuerter Form beleben kann das «Erkenne dich selbst», wahrgenommen konnte sie werden, diese Dreigliederung, seit Jahrzehnten. Ich selber konnte sie erst zur Reife bringen im letzten Jahrzehnt während der kriegerischen Stürme. Damals versuchte ich anzudeuten, wie der Mensch auch physisch lebt in seinem Stoffwechsel-Gliedmaßen-System, in seinem Herzens-Rhythmus-System, in seinem Kopfes-Denk- und Wahrnehmungs-System. Und man kann sich überzeugt halten davon, daß der Mensch – indem er in der richtigen Art, wie es gestern angedeutet worden ist, durch die Durchlebung seines Herzens mit Anthroposophia diese Dreigliederung richtig in sich aufnimmt – dann erkennt, dadurch, daß er fühlend und wollend erkennen lernt, was er eigentlich tut, indem er, die Weltengeister ihn belebend, durch seine Glieder sich hineinstellt in die Raumesweiten, dann erkennt im tätigen Erfassen der Welt – nicht im leidenden, passiven Erfassen der Welt, sondern im aktiv tätigen Erfassen der Welt, indem er seine Pflichten, seine Aufgaben, seine Mission in der Welt erfüllt – das Wesen der allwaltenden Menschen- und Weltenliebe, die da ist ein Glied im Gesamtweltenwesen. Und man kann sich überzeugt halten, daß, wenn

16

der Mensch erkennt das wundervolle Geheimnis, das da waltet zwischen Lunge und Herz – in dem innerlich wahrnehmbar ausgedrückt wird, wie die Weltenrhythmen, die durch Jahrtausende, durch Äonen wirken, in Puls- und Blutrhythmus hereinschlagen und Weltbeseelung im Menschen erwecken –, man kann hoffen, daß, indem dieses weisheitsvoll mit dem Herzen als Erkenntnisorgan erfaßt wird, dann der Mensch erfahren kann, wie die Weltenbilder, die gottgegebenen, den Kosmos aus sich heraus tatkräftig offenbaren. Wie man im wirkenden Sich-Bewegen erfaßt die waltende Weltenliebe, so wird man die Urbilder des Weltenseins erfassen, wenn man in sich fühlt den geheimnisvollen Übergang zwischen Weltenrhythmus und Herzensrhythmus und durch diese wiederum den Menschenrhythmus, der geheimnisvoll seelisch-geistig sich abspielt zwischen Lunge und Herz. Und wenn der Mensch in der richtigen Weise fühlend wahrnehmen wird, was sich offenbart in seinem Hauptessystem, das da ruhet auf seinen Schultern, auch wenn er geht, dann wird er, sich erfühlend in seinem Hauptsystem, die Herzenswärme ausgießend in sein Hauptessystem, die waltenden, wirkenden, webenden Weltgedanken in seiner eigenen Wesenheit erleben.

Und er wird so die Dreiheit alles Seins: Weltenliebe, waltend in Menschenliebe; Weltenimagination, waltend in menschlicher Organisationsgestaltung; Weltgedanken, waltend geheimnisvoll untergründlich in Menschheitsgedanken; er wird diese Dreigliederung erfassen und sich erkennen als individuell freier Mensch im waltenden Götterwirken des Kosmos, als Weltenmensch, individueller Mensch im Weltenmenschen, wirkend als individueller Mensch im Weltenmenschen für die Weltenzukunft. Er wird aus den Zeichen der Gegenwart heraus erneuern das alte Wort: «Erkenne dich selbst!»

Noch die Griechen durften weglassen den Nachsatz, weil bei ihnen das menschliche Selbst noch nicht so abstrakt geworden war wie bei uns, zusammengeflossen in den abstrakten Ich-Punkt oder höchstens in das Denken, Fühlen und Wollen, sondern weil bei ihnen erfaßt wurde die Menschennatur als Ganzes nach Geist, Seele und Leib. So durften die Griechen glauben, zu treffen den ganzen Menschen nach Geist, Seele und Leib, wenn sie das Wort ertönen ließen, das uralte Sonnenwort, das Apollo-Wort: «Erkenne dich selbst!»

Wir aber müssen sagen, wenn wir aus den Zeichen der Zeit in der richtigen Weise erneuern dieses Wort: O Menschenseele, erkenne dich selbst in deinem wesenden Weben in Geist, Seele und Leib. Dann haben wir verstanden dasjenige, was allem Menschenwesen zu Grunde liegt. Und diese Weltensubstanz, in der da wirkt und west und lebt der Geist, der aus den Höhen strömt und im Menschenhaupte sich offenbart; die Christus-Kraft, die überall im Umkreise wirkt, die mit den Lüften webt, um die Erde kreisend, die in unserem Atemsystem wirkt und lebt; und wenn wir erkennen die in den Tiefen aus dem Erdeninnern heraufkommenden Kräfte, die in unseren Gliedmaßen wirken – und wenn wir diese drei Kräfte, die Kräfte der Höhen, die Kräfte des Umkreises, die Kräfte der Tiefen in diesem Augenblicke vereinigen in einer gestaltenden Substanz: dann können wir in unserem Seelen-Erfassen dem Welten-Dodekaeder das Menschen-Dodekaeder gegenüberstellen. Und aus

18

diesen drei Kräften, aus dem Geist der Höhe, aus der Christus-Kraft des Umkreises, aus der Vater-Wirksamkeit, der schöpferischen Vatertätigkeit, die aus den Tiefen strömt, wollen wir in diesem Augenblicke in unseren Seelen den dodekaedrischen Grundstein formen, den wir in den Boden unserer Seelen senken, damit er da sei zum starken Zeichen in den kräftigen Gründen unseres Seelenseins und wir in der Zukunft des Wirkens der Anthroposophischen Gesellschaft auf diesem festen Grundstein stehen können.

Wollen wir uns immerdar bewußt bleiben dieses heute geformten Grundsteines für die Anthroposophische Gesellschaft. Wollen wir das Andenken an den heute in den Boden unserer Herzen gesenkten Grundstein bewahren bei allem, was wir draußen und hier tun wollen zur Förderung, zur Entwickelung, zur vollen Entfaltung der Anthroposophischen Gesellschaft. Suchen wir in dem dreigliedrigen Menschen, der uns da lehrt die Liebe, der uns da lehrt die Weltimagination, der uns da lehrt die Weltgedanken, suchen wir in ihm die Substanz der Weltenliebe, die wir zu Grunde legen, suchen wir in ihm das Urbild der Imagination, nach dem wir die Weltenliebe in unserem Herzen formen, suchen wir die Gedankenkraft aus den Höhen, um dieses dodekaedrische imaginative Liebesgebilde in der entsprechenden Weise erstrahlen zu lassen! Dann werden wir von hier hinwegtragen dasjenige, was wir brauchen; dann wird er erglänzen, der Grundstein, vor unserem Seelenauge, jener Grundstein, der aus Welten-Menschenliebe seine Substanz, aus Welten-Menschenimagination seine Bildhaftigkeit, seine Gestaltung, und aus Welten-Menschengedanken jenes Glanzeslicht hat, das uns in jedem Augenblicke, wenn wir uns an diesen Augenblick erinnern, mit warmem, aber unsere Tat, unser Denken, unser Fühlen, unser Wollen anspornendem Lichte entgegenstrahlen kann.

Und der rechte Boden, in den wir den heutigen Grundstein hineinverlegen müssen, der rechte Boden, das sind unsere Herzen in ihrem harmonischen Zusammenwirken, in ihrem guten, von Liebe durchdrungenen Willen, gemeinsam das anthroposophische Wollen durch die Welt zu tragen. Das wird uns wie mahnend entgegenstrahlen können aus dem Gedankenlichte, das uns von dem dodekaedrischen Liebesstein, den wir in unsere Herzen heute versenken wollen, jederzeit entgegenstrahlen kann.

Das, meine lieben Freunde, wollen wir nur so recht in unsere Seele aufnehmen. Damit wollen wir unsere Seele erwärmen, damit wollen wir unsere Seele erleuchten. Und wir wollen bewahren diese Seelenwärme und dieses Seelenlicht, das wir heute aus gutem Willen in unsere Herzen eingepflanzt haben.

Wir pflanzen es ein, meine lieben Freunde, in einem Augenblicke, da das wirklich die Welt verstehende Menschen-Erinnern zurückblickt zu jenem Punkte der Menschheitsentwickelung in der Zeiten-Wende, wo aus der Finsternis der Nacht und aus der Finsternis des moralischen Menschheitsempfindens, einschlagend wie das Himmelslicht, geboren worden ist das zum Christus gewordene Gotteswesen, das in die Menschheit eingezogene Geisteswesen.

Und wir können am besten erkraften jene Seelen-

wärme und jenes Seelenlicht, die wir brauchen, wenn
wir sie beleben mit jener Wärme und mit jenem Lichte,
das in der Zeitenwende erstrahlet hat als das Christus-
Licht in der Welten-Finsternis. Und wir wollen diese vor
zwei Jahrtausenden stattgefundene Urweihenacht in unserem Herzen, in unserem Sinn, in unserem Willen beleben, damit sie uns helfe, wenn wir hinaustragen wollen
in die Welt dasjenige, was uns entgegenglänzt durch
das Gedanken-Licht des der Welt nachgebildeten, ins
Menschliche herein versetzten dodekaedrischen Liebes-
grundsteins.

Und so sei denn unser Herzensfühlen zurück-
gewendet zur Urweihenacht im alten Palästina.

In der Zeitenwende*
Trat das Welten-Geistes-Licht
In den irdischen Wesensstrom;
Nacht-Dunkel
Hatte ausgewaltet;
Taghelles Licht
Erstrahlte in Menschenseelen;
Licht,
Das erwärmet
Die armen Hirtenherzen;
Licht,
Das erleuchtet
Die weisen Königshäupter.

* Siehe den Hinweis Seite 71.

21

Göttliches Licht,
Christus-Sonne,
Erwärme
Unsere Herzen;
Erleuchte
Unsere Häupter;
Daß gut werde,
Was wir aus Herzen
Gründen,
Was wir aus Häuptern
Zielvoll führen wollen.

Dieses Fühlen zurück zur Urweihenacht kann uns die Kraft zur Herzens-Erwärmung, zur Hauptes-Erleuchtung geben, die wir brauchen, um in der richtigen Weise auszuüben, anthroposophisch wirkend, dasjenige, was aus der dreigliedrigen, zur Einheit sich harmonisierenden Menschenerkenntnis hervorgehen kann.

Und deshalb sei nun wieder zusammenfassend vor unsere Seele hingestellt dasjenige, was da folgt aus der wirklichen Erfassung des «Erkenne dich selbst nach Geist, Seele und Leib», es sei hingestellt so, wie es wirkt im Kosmos, damit auf unseren Stein, den wir in den Boden unserer Herzen nunmehr versenkt haben, von überall her ins Menschenwesen und Menschenleben und Menschenwirken herein spreche dasjenige, was die Welt dem Menschenwesen und Menschenleben und Menschenwirken zu sagen hat.

Menschenseele!
Du lebest in den Gliedern,
Die dich durch die Raumeswelt
Im Geistesmeereswesen tragen:
Übe Geist-Erinnern
In Seelentiefen,
Wo in waltendem
Weltenschöpfer-Sein
Das eigne Ich
Im Gottes-Ich
Erweset;
Und du wirst wahrhaft leben
Im Menschen-Welten-Wesen.

Denn es waltet der Vater-Geist der Höhen
In den Weltentiefen Sein-erzeugend:
Seraphim, Cherubim, Throne,
Lasset aus den Höhen erklingen,
Was in den Tiefen das Echo findet
Und was im Echo der Tiefen
Das Geheimnis der Höhen
Wiederklingen läßt;
Das spricht:
Ex Deo nascimur.
Das hören die Elementengeister
Im Osten, im Westen, im Norden, im Süden:
Menschen mögen es hören.

Menschenseele!
Du lebest in dem Herzens-Lungen-Schlage,
Der dich durch den Zeitenrhythmus
Ins eigne Seelenwesensfühlen leitet:
Übe Geist-Besinnen
Im Seelengleichgewichte,
Wo die wogenden
Welten-Werde-Taten
Das eigne Ich
Dem Welten-Ich
Vereinen;
Und du wirst wahrhaft fühlen
Im Menschen-Seelen-Wirken.

Denn es waltet der Christus-Wille im Umkreis
In den Weltenrhythmen Seelen-begnadend:
Durch die Geister Kyriotetes, Dynamis, Exusiai,
Lasset, ihr Geister, vom Osten befeuern,
Was durch den Westen sich gestaltet,
Und das Feuer des Ostens,
Das aus dem Westen seine Gestaltung empfängt,
Es spricht:
In Christo morimur.
Das hören die Elementengeister
Im Osten, Westen, Norden, Süden:
Menschen mögen es hören.

Menschenseele!
Du lebest im ruhenden Haupte,
Das dir aus Ewigkeitsgründen
Die Weltgedanken erschließet:
Übe Geist-Erschauen
In Gedanken-Ruhe,
Wo die ew'gen Götterziele
Welten-Wesens-Licht
Dem eignen Ich
Zu freiem Wollen
Schenken;
Und du wirst wahrhaft denken
In Menschen-Geistes-Gründen.

Denn es walten des Geistes Weltgedanken
Im Weltenwesen Licht-erflehend.
Archai, Archangeloi, Angeloi,
Lasset aus den Tiefen erbitten,
Was in den Höhen erhöret wird,
Und wenn recht verstanden wird,
Wie es von Archai, Archangeloi, Angeloi ertönt,
Wenn aus den Tiefen erbeten wird,
Was in den Höhen erhöret werden kann,
Dann spricht es durch die Welt:
Per spiritum sanctum reviviscimus.
Das hören die Elementargeister
Im Osten, Westen, Norden, Süden:
Menschen mögen es hören.

Und höret es, meine lieben Freunde, also ertönen in Euren eignen Herzen! Dann werdet Ihr hier gründen eine wahre Vereinigung von Menschen für Anthroposophia und werdet den Geist, der da waltet im leuchtenden Gedankenlichte um den dodekaedrischen Liebesstein, hinaustragen in die Welt, da, wo er leuchten und wärmen soll für den Fortschritt der Menschenseelen, für den Fortschritt der Welt.

FORTSETZUNG
DER GRÜNDUNGSVERSAMMLUNG

am Mittwoch, 26. Dezember 1923, 10 Uhr vormittags

Meine lieben Freunde! ... Ich möchte, nachdem ich diese Andeutungen, die ich in den nächsten Tagen vervollständigen werde, gesagt habe, auch heute vor Ihnen wiederholen wenigstens einen Teil der Worte, die mit dem Willen der geistigen Welt gestern zu Ihnen gesprochen worden sind, damit wir sie als Introduktion auch heute in unserer Seele haben, indem wir auf die Verhandlungen eingehen.

> Menschenseele!
> Du lebest in den Gliedern,
> Die dich durch die Raumeswelt
> Im Geistesmeereswesen tragen:
> Übe Geist-Erinnern
> In Seelentiefen,
> Wo in waltendem
> Weltenschöpfer-Sein
> Das eigne Ich
> Im Gottes-Ich
> Erweset;
> Und du wirst wahrhaft leben
> Im Menschen-Welten-Wesen.

27

Menschenseele!
Du lebest in dem Herzens-Lungen-Schlage,
Der dich durch den Zeitenrhythmus
Ins eigne Seelenwesensfühlen leitet:
Übe Geist-Besinnen
Im Seelengleichgewichte,
Wo die wogenden
Welten-Werde-Taten
Das eigne Ich
Dem Welten-Ich
Vereinen;
Und du wirst wahrhaft fühlen
Im Menschen-Seelen-Wirken.

Menschenseele!
Du lebest im ruhenden Haupte
Das dir aus Ewigkeitsgründen
Die Weltgedanken erschließet:
Übe Geist-Erschauen
In Gedanken-Ruhe,
Wo die ew'gen Götterziele
Welten-Wesens-Licht
Dem eignen Ich
Zu freiem Wollen
Schenken;
Und du wirst wahrhaft denken
In Menschen-Geistes-Gründen.

Und wir kommen mit solchen, aus dem Weltenworte
heraus gehörten Sprüchen zurecht, wenn wir sie in unseren eignen Seelen so gliedern, daß sie uns nicht verlassen
können. Und sie werden sich gliedern können, wenn Sie
herausheben zunächst aus dem, was also erklungen hat,
dasjenige, was Ihnen den Rhythmus geben kann. Ich
schreibe vor Sie hin, meine lieben Freunde, zunächst
einen Teil dessen, was den Rhythmus geben kann:
In der ersten Strophe:

[Es wird gesprochen und an die Tafel geschrieben.]

Geist-Erinnern,

in der zweiten Strophe:

Geist-Besinnen,

in der dritten Strophe:

Geist-Erschauen.

Das betrachten Sie im rhythmischen Zusammenhange
mit dem, was da wird in der angerufenen, das heißt in der
von sich selbst angerufenen Menschenseele, wenn es
heißt:

Das eigne Ich
Im Gottes-Ich
Erweset,

betrachten Sie den zusammenhängenden Rhythmus von
«Geist-Besinnen», wenn es da heißt:

Das eigne Ich
Dem Welten-Ich
Vereinen,

und von «Geist-Erschauen», wenn es da heißt:

Das [Dem] eigne[n] Ich *
Zu freiem Wollen
Schenken.

Nehmen Sie in diesem Zusammenhange jedes der einzelnen Worte also, daß es nur, wie es dasteht, dastehen
kann. Nehmen Sie dasjenige, was aus dem Welten-
Rhythmus heraus rhythmisiert: «eigne Ich im Gottes-
Ich», «eigne Ich im Welten-Ich», «eigne Ich im freien
Wollen», und nehmen Sie dasjenige, was aufsteigt von
«erweset» zu «vereinen», zu «schenken», wo es übergeht
in die moralische Empfindung. Empfinden Sie
den Zusammenhang mit dem «Geist-Erinnern», «Geist-
Besinnen» und «Geist-Erschauen»: dann werden Sie in
dem inneren Rhythmus dasjenige haben, was in diesen
Tagen die geistige Welt wirklich zu uns bringt zur Erhe-
bung unserer Herzen, zur Erleuchtung unseres Denkens,
zur Beflügelung und Enthusiasmierung unseres Wollens.

* Siehe den Hinweis S. 71.

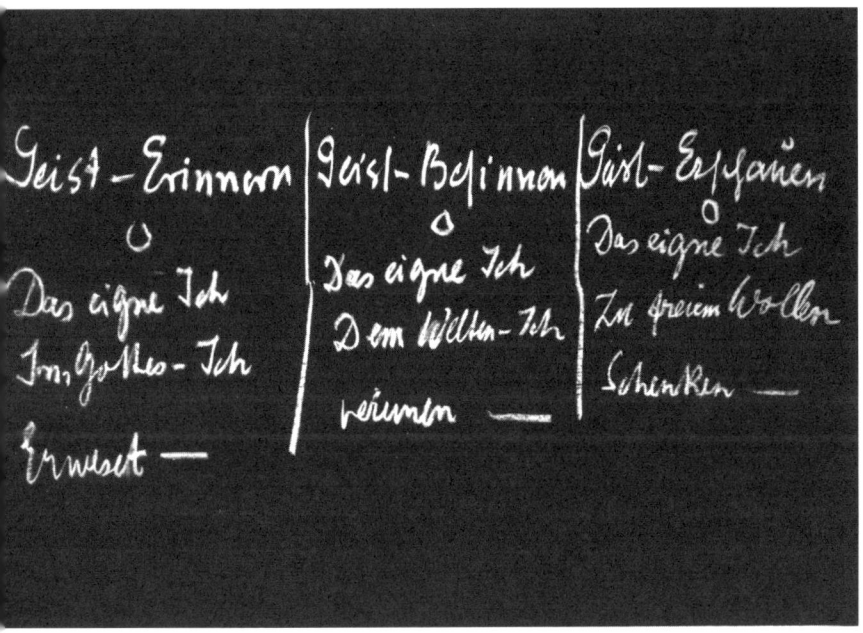

Geist-Erinnern

Das eigne Ich
Im Gottes-Ich
Erweset

Geist-Besinnen

Das eigne Ich
Dem Welten-Ich
vereinen

Geist-Erschauen

Das eigne Ich
Zu freiem Wollen
Schenken

FORTSETZUNG
DER GRÜNDUNGSVERSAMMLUNG

am Donnerstag, 27. Dezember 1923, 10 Uhr vormittags

Meine lieben Freunde! Lassen wir wiederum an unsere
Herzen dringen die Worte, welche uns aus den Zeichen
der Zeit heraus die notwendige Selbsterkenntnis in der
rechten Weise geben sollen:

Menschenseele!
Du lebest in den Gliedern,
Die dich durch die Raumeswelt
Im Geistesmeereswesen tragen:
Übe Geist-Erinnern
In Seelentiefen,
Wo in waltendem
Weltenschöpfer-Sein
Das eigne Ich
Im Gottes-Ich
Erweset;
Und du wirst wahrhaft leben
Im Menschen-Welten-Wesen.

Menschenseele!
Du lebest in dem Herzens-Lungen-Schlage,
Der dich durch den Zeitenrhythmus
Ins eigne Seelenwesensfühlen leitet:
Übe Geist-Besinnen
Im Seelengleichgewichte,
Wo die wogenden
Welten-Werde-Taten
Das eigne Ich
Dem Welten-Ich
Vereinen;
Und du wirst wahrhaft fühlen
Im Menschen-Seelen-Wirken.

Menschenseele!
Du lebest im ruhenden Haupte,
Das dir aus Ewigkeitsgründen
Die Weltgedanken erschließet:
Übe Geist-Erschauen
In Gedanken-Ruhe,
Wo die ew'gen Götterziele
Welten-Wesens-Licht
Dem eignen Ich
Zu freiem Wollen
Schenken;
Und du wirst wahrhaft denken
In Menschen-Geistes-Gründen.

Wiederum wollen wir aus diesen Weltensprüchen einen Rhythmus uns vor die Seele schreiben, um allmählich geistig zur Struktur vorzudringen. Wir nehmen aus dem ersten Spruch die Worte:

[Es wird gesprochen und an die Tafel geschrieben.]

> Das eigne Ich
> Im Gottes-Ich
> Erweset.

Und wir nehmen aus dem zweiten Spruch, der einen zweiten Seelenprozeß in sich enthält:

> Das eigne Ich
> Dem Welten-Ich
> Vereinen.

Und wir nehmen aus dem dritten Spruch:

> Dem eignen Ich
> Zu freiem Wollen
> Schenken.

Und wir vereinigen damit zu dem entsprechenden Rhythmus die Worte, an den diese Worte immer anklingen, und die einen inneren Seelenzusammenhang haben mit demjenigen, was ich hier auf die Tafel geschrieben habe:

> Und du wirst wahrhaft leben
> Im Menschen-Welten-Wesen.

Aus dem zweiten Spruch:

> Und du wirst wahrhaft fühlen
> Im Menschen-Seelen-Wirken.

Die dritte Strophe klingt in seine Harmonie aus:

> Und du wirst wahrhaft denken
> In Menschen-Geistes-Gründen.

Sie werden finden, meine lieben Freunde, daß, wenn Sie auf die inneren Rhythmen achten, die in diesen Sprüchen liegen, wenn Sie diese inneren Rhythmen der Seele dann gegenwärtig machen und eine entsprechende Meditation, das heißt ein gedankliches Ruhen darüber in sich selber anstellen, diese Aussprüche dann zu empfinden sind wie die Aussprüche der Weltengeheimnisse, insofern diese Weltengeheimnisse in der Menschenseele auferstehen als menschliche Selbsterkenntnis.

Das eigne Ich	Das eigne Ich	Dem eignen Ich
Im Gottes Ich	Dem Welten Ich	Zu freiem Wollen
erweset	Vereinen	schenken
leben	fühlen	denken
Menschen-Welten Wesen	Menschen Seelen Wirken	Menschen Geistes Gründe

FORTSETZUNG
DER GRÜNDUNGSVERSAMMLUNG

am Freitag, 28. Dezember 1923, 10 Uhr vormittags

Meine lieben Freunde! Ich werde auch heute die Worte sprechen, die uns die Grundlage geben sollen für unser gegenwärtiges Wirken hier und für das weitere Wirken draußen.

Menschenseele!
Du lebest in den Gliedern,
Die dich durch die Raumeswelt
Im Geistesmeereswesen tragen:
Übe Geist-Erinnern
In Seelentiefen,
Wo in waltendem
Weltenschöpfer-Sein
Das eigne Ich
Im Gottes-Ich
Erweset;
Und du wirst wahrhaft leben
Im Menschen-Welten-Wesen.

Denn es waltet der Vater-Geist der Höhen
In den Weltentiefen Sein-erzeugend.

Menschenseele!
Du lebest in dem Herzens-Lungen-Schlage,

Der dich durch den Zeitenrhythmus
Ins eigne Seelenwesensfühlen leitet:
Übe Geist-Besinnen
Im Seelengleichgewichte,
Wo die wogenden
Welten-Werde-Taten
Das eigne Ich
Dem Welten-Ich
Vereinen;
Und du wirst wahrhaft fühlen
Im Menschen-Seelen-Wirken.

Denn es waltet der Christus-Wille im Umkreis
In den Weltenrhythmen Seelen-begnadend.

Menschenseele!
Du lebest im ruhenden Haupte,
Das dir aus Ewigkeitsgründen
Die Weltgedanken erschließet:
Übe Geist-Erschauen
In Gedanken-Ruhe,
Wo die ew'gen Götterziele
Welten-Wesens-Licht
Dem eignen Ich
Zu freiem Wollen
Schenken;
Und du wirst wahrhaft denken
In Menschen-Geistes-Gründen.

Denn es walten des Geistes Weltgedanken
Im Weltenwesen Licht-erflehend.

Und nun, meine lieben Freunde, wollen wir uns wiederum den inneren Rhythmus in die Seele schreiben, der uns nahebringen kann, wie aus dem Weltenrhythmus heraus gerade diese Worte ertönen.

Erster Spruch:

[Es wird gesprochen und an die Tafel geschrieben.]

Übe Geist-Erinnern

Es ist das die Tätigkeit, die in der eigenen Seele sich vollziehen kann. Sie entspricht draußen im großen Weltall demjenigen, was zum Ausdrucke kommt mit den Worten:

Denn es waltet der Vater-Geist der Höhen
In den Weltentiefen Sein-erzeugend.

Das zweite ist das

Übe Geist-Besinnen,

der Vorgang im Innern, dem da antwortet draußen im Weltenall:

Denn es waltet der Christus-Wille im Umkreis
In den Weltenrhythmen Seelen-begnadend.

Das dritte ist:

Übe Geist-Erschauen,

es antwortet draußen:

Denn es walten des Geistes Weltgedanken
Im Weltenwesen Licht-erflehend.

1
Uebe Geist-Erinnern

Denn es waltet der Vater Geist der Höhen
In den Welten-Tiefen Sein erzeugend.

2
Uebe Geist-Besinnen
Denn es waltet der Christus-Wille im Umkreis
In den Weltenrhythmen Seelen-begnadend.

3.
Uebe Geist-Erschauen
Denn es walten des Geistes Weltegdanken
Im Weltenwesen Licht-erflehend.

FORTSETZUNG
DER GRÜNDUNGSVERSAMMLUNG

am Samstag, 29. Dezember 1923, 10 Uhr vormittags

Meine lieben Freunde! Lassen Sie uns auch heute wiederum die Worte hören, die uns in der Seele wiederklingen sollen hier und dann, wenn wir hinausgehen, um das hier Beabsichtigte hinauszutragen:

> Menschenseele!
> Du lebest in den Gliedern,
> Die dich durch die Raumeswelt
> Im Geistesmeereswesen tragen:
> Übe Geist-Erinnern
> In Seelentiefen,
> Wo in waltendem
> Weltenschöpfer-Sein
> Das eigne Ich
> Im Gottes-Ich
> Erweset;
> Und du wirst wahrhaft leben
> Im Menschen-Welten-Wesen.

> Denn es waltet der Vater-Geist der Höhen
> In den Weltentiefen Sein-erzeugend:
> Seraphim, Cherubim, Throne,
> Lasset aus den Höhen erklingen,
> Was in den Tiefen das Echo findet;
> Das spricht:
> Ex deo nascimur.

41

Menschenseele!
Du lebest in dem Herzens-Lungen-Schlage,
Der dich durch den Zeitenrhythmus
Ins eigne Seelenwesensfühlen leitet:
Übe Geist-Besinnen
Im Seelengleichgewichte,
Wo die wogenden
Welten-Werde-Taten
Das eigne Ich
Dem Welten-Ich
Vereinen;
Und du wirst wahrhaft fühlen
Im Menschen-Seelen-Wirken.

Denn es waltet der Christus-Wille im Umkreis
In den Weltenrhythmen Seelen-begnadend.
Kyriotetes, Dynamis, Exusiai,
Lasset vom Osten befeuern,
Was durch den Westen sich gestaltet;
Dieses spricht:
In Christo morimur.

Menschenseele!
Du lebest im ruhenden Haupte,
Das dir aus Ewigkeitsgründen
Die Weltgedanken erschließet:
Übe Geist-Erschauen
In Gedanken-Ruhe,
Wo die ew'gen Götterziele
Welten-Wesens-Licht
Dem eignen Ich
Zu freiem Wollen
Schenken;
Und du wirst wahrhaft denken
In Menschen-Geistes-Gründen.

Denn es walten des Geistes Weltgedanken
Im Weltenwesen Licht-erflehend.
Archai, Archangeloi, Angeloi,
Lasset aus den Tiefen erbitten,
Was in den Höhen erhöret wird;
Dieses spricht:
Per spiritum sanctum reviviscimus.

Halten wir wiederum den inneren Rhythmus dieser Worte fest in wesenhaften Teilen. Wir haben hier:

[Es wird gesprochen und an die Tafel geschrieben.]

Übe Geist-Erinnern

Dasjenige, was in der Menschenseele stattfindet, es hat seine Beziehungen zu allem Wesenhaften im Geist-, Seelen- und Leibes-Kosmos. Deshalb weist gerade dieses «Übe Geist-Erinnern» hin auf dasjenige, was dann klingt bei der Anrufung der Seraphim, Cherubim und Throne zur Charakteristik der Art und Weise, wie sie im Weltenall wirken:

> Seraphim, Cherubim, Throne,
> Lasset aus den Höhen erklingen,
> Was in den Tiefen das Echo findet.

Und man hat eigentlich die richtige kosmische Vorstellung, wenn man das Bild sich vor die Seele stellt, daß aus den Höhen die Stimmen der Seraphim, Cherubim, Throne im Weltenworte erklingen und gehört werden, indem sie in den Tiefen der Untergründe des Weltenseins ihr Echo finden, und daß das aus den Höhen Angeregte, von unten auf erklingend, das Weltenwort, ausgeht von Seraphim, Cherubim und Thronen.

Den zweiten Spruch haben wir:

Übe Geist-Besinnen

Es hat seine Beziehung zu der zweiten Hierarchie: Kyriotetes, Dynamis, Exusiai. Sie sind charakterisiert, wenn man ihre Stimmen vorstellt im Weltenworte im Sinne der Worte:

> Kyriotetes, Dynamis, Exusiai
> Lasset vom Osten befeuern,
> Was durch den Westen sich gestaltet.

Das dritte Glied im Menschensein ist:

> Übe Geist-Erschauen

Dabei der Hinweis auf die Art, wie die dritte Hierarchie sich einschaltet in das Weltenwort:

> Archai, Archangeloi Angeloi
> Lasset aus den Tiefen erbitten,
> Was in den Höhen erhöret wird.

Wir haben das Gegenteil der ersten Hierarchie, bei der wir die Stimmen nach unten gelegt, von unten im Echo nach aufwärts kommend haben. Wir haben hier die Stimmen, die aufgenommen werden aus den Wesen, die von unten her etwas zu erbitten haben, das nun von oben nach unten hin erhört wird. Von oben nach unten: von den Höhen nach den Tiefen; von dem Umkreis: Osten und Westen; von unten nach oben: von den Tiefen in die Höhen.

45

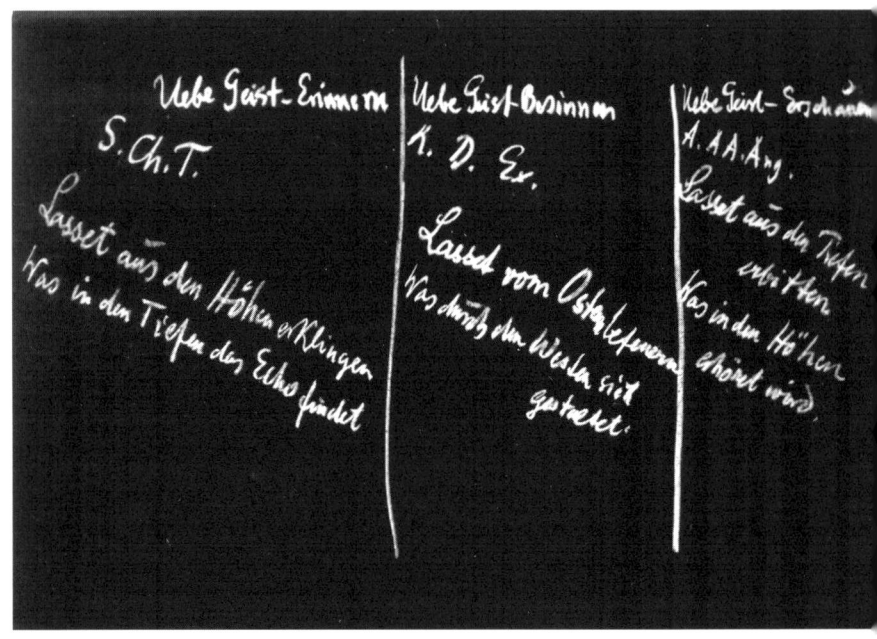

Uebe Geist-Erinnern	Uebe Geist-Besinnen	Uebe Geist-Erschauer
S. Ch. T.	K. D. Ex.	A. AA. Ang.
Lasset aus den Höhen erklingen	Lasset vom Osten befeuern	Lasset aus den Tiefen erbitten
Was in den Tiefen das Echo findet	Was durch den Westen sich gestaltet.	Was in den Höhen erhöret wird.

46

FORTSETZUNG
DER GRÜNDUNGSVERSAMMLUNG

am Sonntag, 30. Dezember 1923, 10 Uhr vormittags

Meine lieben Freunde! Beginnen wir wiederum mit den
Worten menschlicher Selbsterkenntnis aus dem Geiste
unserer Zeit heraus:

> Menschenseele!
> Du lebest in den Gliedern,
> Die dich durch die Raumeswelt
> Im Geistesmeereswesen tragen:
> Übe Geist-Erinnern
> In Seelentiefen,
> Wo in waltendem
> Weltenschöpfer-Sein
> Das eigne Ich
> Im Gottes-Ich
> Erweset;
> Und du wirst wahrhaft leben
> Im Menschen-Welten-Wesen.

Menschenseele!
Du lebest in dem Herzens-Lungen-Schlage,
Der dich durch den Zeitenrhythmus
Ins eigne Seelenwesensfühlen leitet:
Übe Geist-Besinnen
Im Seelengleichgewichte,
Wo die wogenden
Welten-Werde-Taten
Das eigne Ich
Dem Welten-Ich
Vereinen;
Und du wirst wahrhaft fühlen
Im Menschen-Seelen-Wirken.

Menschenseele!
Du lebest im ruhenden Haupte,
Das dir aus Ewigkeitsgründen
Die Weltgedanken erschließet:
Übe Geist-Erschauen
In Gedanken-Ruhe,
Wo die ew'gen Götterziele
Welten-Wesens-Licht
Dem eignen Ich
Zu freiem Wollen
Schenken;
Und du wirst wahrhaft denken
In Menschen-Geistes-Gründen.

Und fassen wir heute, meine lieben Freunde, zusammen dasjenige, was dreifach beim Menschen sprechen kann:

[Es wird gesprochen und an die Tafel geschrieben.]

> Übe Geist-Erinnern
>
> Übe Geist-Besinnen
>
> Übe Geist-Erschauen

Recht zusammenschließen wird dieses im Menschenherzen doch nur dasjenige, was wirklich in der Zeitenwende erschienen ist und in dessen Geiste wir hier wirken und weiterstreben wollen.

> In der Zeitenwende
> Trat das Welten-Geistes-Licht
> In den irdischen Wesensstrom;
> Nacht-Dunkel
> Hatte ausgewaltet;
> Taghelles Licht
> Erstrahlte in Menschenseelen;
> Licht,
> Das erwärmet
> Die armen Hirtenherzen;
> Licht,
> Das erleuchtet
> Die weisen Königshäupter.

Göttliches Licht,
Christus-Sonne
Erwärme
Unsere Herzen;
Erleuchte
Unsere Häupter;
Daß gut werde,
Was wir aus Herzen
Gründen,
Was wir aus Häuptern
Zielvoll führen wollen.

[Es wird gesprochen und an die Tafel geschrieben.]

Daß gut werde,
Was wir aus Herzen
Gründen,
Aus Häuptern
Zielvoll führen wollen.

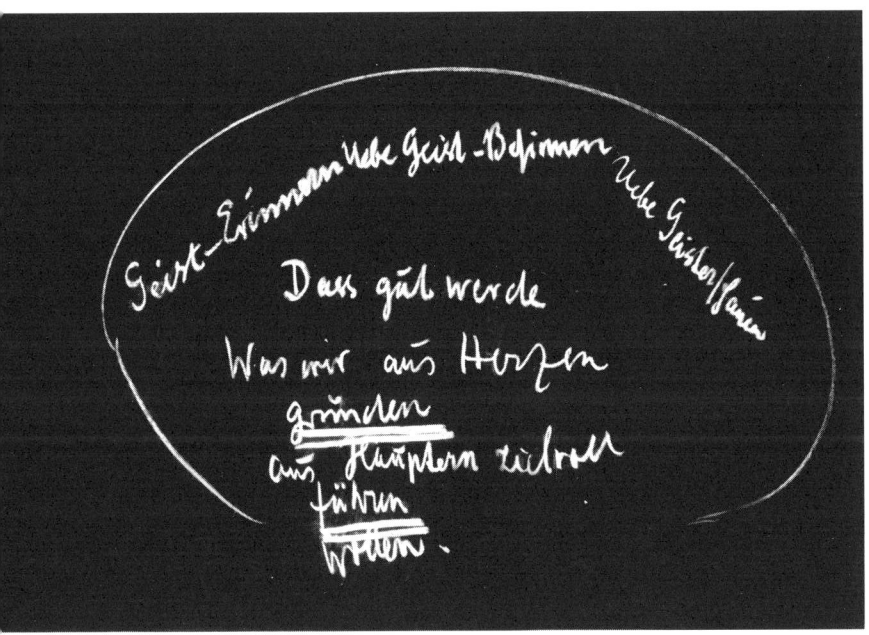

Geist-Erinnern   Uebe Geist-Besinnen   Uebe Geisterschauen

Dass gut werde
Was wir aus Herzen
gründen
aus Häuptern zielvoll
führen
wollen.

FORTSETZUNG
DER GRÜNDUNGSVERSAMMLUNG

am Montag, 31. Dezember 1923, 10 Uhr vormittags

Meine lieben Freunde! Wiederum wie sonst beginnen wir mit dem von uns aufgenommenen Spruch:

Menschenseele!
Du lebest in den Gliedern,
Die dich durch die Raumeswelt
Im Geistesmeereswesen tragen:
Übe Geist-Erinnern
In Seelentiefen,
Wo in waltendem
Weltenschöpfer-Sein
Das eigne Ich
Im Gottes-Ich
Erweset;
Und du wirst wahrhaft leben
Im Menschen-Welten-Wesen.

Menschenseele!
Du lebest in dem Herzens-Lungen-Schlage,
Der dich durch den Zeitenrhythmus
Ins eigne Seelenwesensfühlen leitet:
Übe Geist-Besinnen
Im Seelengleichgewichte,
Wo die wogenden
Welten-Werde-Taten
Das eigne Ich
Dem Welten-Ich
Vereinen;
Und du wirst wahrhaft fühlen
Im Menschen-Seelen-Wirken.

Menschenseele!
Du lebest im ruhenden Haupte,
Das dir aus Ewigkeitsgründen
Die Weltgedanken erschließet:
Übe Geist-Erschauen
In Gedanken-Ruhe,
Wo die ew'gen Götterziele
Welten-Wesens-Licht
Dem eignen Ich
Zu freiem Wollen
Schenken;
Und du wirst wahrhaft denken
In Menschen-Geistes-Gründen.

Und das Ganze zusammenfassend in der Erinnerung an das Ereignis von Golgatha, das der ganzen Erdenentwickelung ihren Sinn gibt:

> In der Zeitenwende
> Trat das Welten-Geistes-Licht
> In den irdischen Wesensstrom;
> Nacht-Dunkel
> Hatte ausgewaltet;
> Taghelles Licht
> Erstrahlte in Menschenseelen;
> Licht,
> Das erwärmet
> Die armen Hirtenherzen;
> Licht,
> Das erleuchtet
> Die weisen Königshäupter.

> Göttliches Licht,
> Christus-Sonne,
> Erwärme
> Unsere Herzen;
> Erleuchte
> Unsere Häupter;
> Daß gut werde,
> Was wir aus Herzen
> Gründen,
> Aus Häuptern
> Lichtvoll führen wollen.

Und wir prägen uns dieses:

[Es wird gesprochen und an die Tafel geschrieben.]

> Göttliches Licht,
> Christus-Sonne,

so ein, daß wir insbesondere die Schlußworte, die morgen wiederum dreigliedrig gesprochen werden sollen,
darauf beziehen, wie dieses göttliche Licht, diese Christus-Sonne leuchten, so daß sie wie die leuchtenden Son-
nen gehört werden können von Osten, Westen, Norden,
Süden. Wir beziehen insbesondere auf dieses göttliche
Licht, auf diese Christus-Sonne die Schlußworte, die am
ersten Tage gesprochen worden sind:

> Das hören die Elementargeister
> Von Osten, Westen, Norden, Süden:
> Menschen mögen es hören!

Göttliches Licht
Chr.-Sonne

Das hören die Elementargeister
von
O. W. N. S.
Menschen mögen es hören!

FORTSETZUNG
DER GRÜNDUNGSVERSAMMLUNG

am Dienstag, 1. Januar 1924, 10 Uhr vormittags

Lassen Sie noch einmal, meine lieben Freunde, an unsere Seele herandringen dasjenige, was uns kraftbringend während dieser Tagung ganz beseelen soll:

Menschenseele!
Du lebest in den Gliedern,
Die dich durch die Raumeswelt
Im Geistesmeereswesen tragen:
Übe Geist-Erinnern
In Seelentiefen,
Wo in waltendem
Weltenschöpfer-Sein
Das eigne Ich
Im Gottes-Ich
Erweset;
Und du wirst wahrhaft leben
Im Menschen-Welten-Wesen.

Denn es waltet der Vater-Geist der Höhen
In den Weltentiefen Sein-erzeugend:
Seraphim, Cherubim, Throne,
Lasset aus den Höhen erklingen,
Was in den Tiefen das Echo findet;
Und dieses spricht:
Ex deo nascimur.

Menschenseele!
Du lebest in dem Herzens-Lungen-Schlage,
Der dich durch den Zeitenrhythmus
Ins eigne Seelenwesensfühlen leitet:
Übe Geist-Besinnen
Im Seelengleichgewichte,
Wo die wogenden
Welten-Werde-Taten
Das eigne Ich
Dem Welten-Ich
Vereinen;
Und du wirst wahrhaft fühlen
Im Menschen-Seelen-Wirken.

Denn es waltet der Christus-Wille im Umkreis
In den Weltenrhythmen Seelen-begnadend:
Kyriotetes, Dynamis, Exusiai,
Lasset vom Osten befeuern,
Was durch den Westen sich gestaltet;
Und dieses spricht:
In Christo morimur.

Menschenseele!
Du lebest im ruhenden Haupte,
Das dir aus Ewigkeitsgründen
Die Weltgedanken erschließet:
Übe Geist-Erschauen
In Gedanken-Ruhe,
Wo die ew'gen Götterziele
Welten-Wesens-Licht
Dem eignen Ich
Zu freiem Wollen
Schenken;
Und du wirst wahrhaft denken
In Menschen-Geistes-Gründen.

Denn es walten des Geistes Weltgedanken
Im Weltenwesen Licht-erflehend:
Archai, Archangeloi, Angeloi,
Lasset aus den Tiefen erbitten,
Was in den Höhen erhöret wird;
Das spricht:
Per spiritum sanctum reviviscimus.

Einen einfachen Rhythmus schreiben wir heute in unsere Seelen ein:

[Es wird gesprochen und an die Tafel geschrieben.]

Du lebest in den Gliedern

Denn es waltet der Vater-Geist der Höhen
In den Weltentiefen Sein-erzeugend.

Du lebest in dem Herzens-Lungen-Schlage

Denn es waltet der Christus-Wille im Umkreis
In den Weltenrhythmen Seelen-begnadend.

Du lebest im ruhenden Haupte

Denn es walten des Geistes Weltgedanken
Im Weltenwesen Licht-erflehend.

Wenn ich Ihnen so die Rhythmen im Zusammenklange aufschreibe, so ist es, weil darin wirklich ein Abbild liegt von Sternkonstellationen. Man sagt: Saturn steht im Löwen, Saturn steht im Skorpion. – Davon hängen Rhythmen ab, die durch die Welt gehen. Geistiges Ursprungsbild liegt in solchen Rhythmen, wie ich sie aus unseren Sprüchen, die durchaus innerlich geistig-seelisch organisiert sind, im Laufe dieser Tage aufgeschrieben habe.

Du lebest in den Gliedern
Denn es waltet der Vatergeist der Höhen
In den Weltentiefen Sein-erzeugend

Du lebest in dem Herzens-Lungenschlage
Denn es waltet der Chr. Wille im Umkreis
In den Weltenrhythmen seelenbegnadend

Du lebest im ruhenden Haupte
Denn es walten des Geistes Weltgedanken
In Weltenwesen Licht erflehend

SCHLUSSWORTE

... Meine lieben Freunde! Wie es gestern Jahresfrist war, daß wir hinschauten auf die züngelnden Flammen, die uns das alte Goetheanum verzehrten, so dürfen wir schon heute – da wir, selbst als die Flammen draußen brannten, uns hier nicht stören ließen in der Fortsetzung der Arbeit vor einem Jahre –, so dürfen wir schon heute wohl darauf hoffen, daß wir, wenn das physische Goetheanum dastehen wird, so gearbeitet haben werden, daß das physische Goetheanum bloß das äußere Symbolum ist für unser geistiges Goetheanum, das wir mit als Idee nehmen wollen, wenn wir jetzt in die Welt hinausgehen.

Den Grundstein haben wir hier gelegt. Auf diesem Grundstein soll das Gebäude errichtet werden, dessen einzelne Steine sein werden die Arbeiten, die in allen unseren Gruppen nun von den einzelnen draußen in der weiten Welt geleistet werden. Auf diese Arbeiten wollen wir hinschauen im Geiste jetzt und uns bewußt werden der Verantwortung, von der heute gesprochen worden ist gegenüber dem vor dem Hüter der Schwelle stehenden Menschen der Gegenwart, dem der Einlaß in die geistige Welt verwehrt werden muß.

Ganz gewiß darf es uns niemals einfallen, anders als den tiefsten Schmerz und die tiefste Trauer zu empfinden über dasjenige, was uns vor Jahresfrist passiert ist. Aber alles in der Welt – dessen dürfen wir auch eingedenk

62

sein –, alles in der Welt, was eine gewisse Größe erreicht hat, ist aus dem Schmerz heraus geboren. Und so möge denn unser Schmerz so gewendet werden, daß aus ihm eine kräftige, leuchtende Anthroposophische Gesellschaft durch Ihre Arbeit, meine lieben Freunde, entstehe.

Zu diesem Zwecke haben wir uns vertieft in jene Worte, mit denen ich begonnen habe, in jene Worte, mit denen ich schließen möchte diese Weihnachtstagung, diese Weihnachtstagung, die eine Weihenacht, ein Weihefest für uns sein soll für nicht nur einen Jahresanfang, sondern für einen Welten-Zeitenwende-Anfang, dem wir uns widmen wollen zu hingebungsvoller Pflege des geistigen Lebens:

Menschenseele!
Du lebest in den Gliedern,
Die dich durch die Raumeswelt
Im Geistesmeereswesen tragen:
Übe Geist-Erinnern
In Seelentiefen,
Wo in waltendem
Weltenschöpfer-Sein
Das eigne Ich
Im Gottes-Ich
Erweset;
Und du wirst wahrhaft leben
Im Menschen-Welten-Wesen.

Denn es waltet der Vater-Geist der Höhen
In den Weltentiefen Sein-erzeugend:
Seraphim, Cherubim, Throne,
Lasset aus den Höhen erklingen,
Was in den Tiefen das Echo findet;
Dieses spricht:
Ex deo nascimur.
Das hören die Elementargeister
Im Osten, Westen, Norden, Süden:
Menschen mögen es hören.

Menschenseele!
Du lebest in dem Herzens-Lungen-Schlage,
Der dich durch den Zeitenrhythmus
Ins eigne Seelenwesensfühlen leitet:
Übe Geist-Besinnen
Im Seelengleichgewichte,
Wo die wogenden
Welten-Werde-Taten
Das eigne Ich
Dem Welten-Ich
Vereinen;
Und du wirst wahrhaft fühlen
Im Menschen-Seelen-Wirken.

Denn es waltet der Christus-Wille im Umkreis
In den Weltenrhythmen Seelen-begnadend.
Kyriotetes, Dynamis, Exusiai,
Lasset vom Osten befeuern,
Was durch den Westen sich gestaltet;
Dieses spricht:
In Christo morimur.
Das hören die Elementargeister
Im Osten, Westen, Norden, Süden:
Menschen mögen es hören.

Menschenseele!
Du lebest im ruhenden Haupte,
Das dir aus Ewigkeitsgründen
Die Weltgedanken erschließet:
Übe Geist-Erschauen
In Gedanken-Ruhe,
Wo die ew'gen Götterziele
Welten-Wesens-Licht
Dem eignen Ich
Zu freiem Wollen
Schenken;
Und du wirst wahrhaft denken
In Menschen-Geistes-Gründen.

Denn es walten des Geistes Weltgedanken
Im Weltenwesen Licht-erflehend.
Archai, Archangeloi, Angeloi,
O lasset aus den Tiefen erbitten,
Was in den Höhen erhöret wird;
Dieses spricht:
Per spiritum sanctum reviviscimus.
*

---

* Die letzten Zeilen wurden gemäß Stenogramm hier nicht gesprochen.

In der Zeitenwende
Trat das Welten-Geistes-Licht
In den irdischen Wesensstrom;
Nacht-Dunkel
Hatte ausgewaltet;
Taghelles Licht
Erstrahlte in Menschenseelen;
Licht,
Das erwärmet
Die armen Hirtenherzen;
Licht,
Das erleuchtet
Die weisen Königshäupter.

Göttliches Licht,
Christus-Sonne,
Erwärme
Unsere Herzen;
Erleuchte
Unsere Häupter;
Daß gut werde,
Was wir aus Herzen
Gründen,
Aus Häuptern
Zielvoll führen wollen.

So, meine lieben Freunde, traget hinaus Eure warmen Herzen, in denen Ihr hier eingegründet habt den Grundstein für die Anthroposophische Gesellschaft, traget hinaus diese warmen Herzen zu kräftigem, heilkräftigem Wirken in die Welt. Und Hilfe wird Euch werden, daß erleuchtet Eure Häupter dasjenige, was Ihr jetzt alle wollt zielvoll führen können. Das wollen wir uns heute in aller Kraft vornehmen. Wir werden doch sehen: Wenn wir uns dessen würdig erzeigen, wird ein guter Stern walten über demjenigen, was von hier aus gewollt wird. Folget, meine lieben Freunde, diesem guten Stern. Wir wollen sehen, wohin uns die Götter durch das Licht dieses Sternes führen werden.

> Göttliches Licht,
> Christus-Sonne,
> Erwärme
> Unsere Herzen,
> Erleuchte
> Unsere Häupter!

HINWEIS ZU DEN SPRÜCHEN

In der 5. und 6. Auflage lauten die Sprüche so, wie sie von Rudolf Steiner gemäß dem lückenlosen, zuverlässigen Stenogramm von Helene Finckh in den Tagen der Weihnachtstagung 1923 gesprochen worden sind. In den vorhergehenden Auflagen lauteten sie – insbesondere beim 25. Dezember – teilweise anders, was in Folgendem begründet ist:

Rudolf Steiner hat die Sprüche in zwei Fassungen gegeben. Für jede Fassung liegt seine Handschrift vor. Die erste Fassung diente ihm als Vorlage während der Weihnachtstagung; die zweite Fassung entstand für den Abdruck in dem Bericht «Die Bildung der Allgemeinen Anthroposophischen Gesellschaft durch die Weihnachtstagung 1923» im ersten Nachrichtenblatt «Was in der Anthroposophischen Gesellschaft vorgeht. Nachrichten für deren Mitglieder» vom 13. Januar 1924. In dieser zweiten Fassung finden sich gegenüber dem Wortlaut, wie er während der Weihnachtstagung gesprochen worden ist, einige Änderungen. Die gewichtigste besteht darin, daß die Hierarchien nicht namentlich, sondern mit einer allgemeinen Charakterisierung angerufen werden und daß der Rosenkreuzerspruch nicht auf lateinisch, sondern auf deutsch erscheint.

Der Grund, der Rudolf Steiner zu dieser Änderung bewogen hat, ist von Marie Steiner mehrmals mitgeteilt und von einem ihrer Mitarbeiter, Günther Schubert, wie folgt festgehalten worden: «Sie sprach wiederholt davon, daß sie daran zurückdenken müsse, wie schwer sich Dr. Steiner zu dem Entschluß durchgerungen hat, den Spruch der Grundsteinlegung 1923 zu veröffentlichen, und wie er in der schließlich gedruckten Fassung den unmittelbaren Anruf der Hierarchien nach dem Abstrakten hin abgeschwächt hat. Dr. Steiner wollte, daß auch in Mitgliederkreisen nur dieser abgeschwächte Wortlaut verwendet werden sollte, denn es gebe bei solchen kultisch geformten esoterischen Sprüchen ein Gesetz, wonach die Kraft, die hinausgesandt wird, mit derselben Stärke wiederum zurückschlage, so daß man bedenken müsse, ob man dies werde aushalten können.»

Dies wollte Marie Steiner wohl ursprünglich bei ihrer Heraus-
gabe des Bandes «Die Weihnachtstagung …» berücksichtigen.
Es ließ sich aber nur beim 25. Dezember durchführen, denn beim
29. Dezember – bei den dazwischenliegenden Tagen wurde der
von der Abänderung betroffene Teil nicht gesprochen – wurde
die Anrufung der Namen der Hierarchien in die Besprechung
der «Rhythmen» einbezogen.

In der vorliegenden Ausgabe lauten nun die Sprüche überall –
auch beim 25. Dezember – so, wie sie gemäß Stenogramm von
Rudolf Steiner gesprochen wurden und im Band «Die Weihnachtstagung …», GA 260, wiedergegeben sind. Dort findet sich –
ab der 4. Auflage 1985 – eine Beilage mit Wiedergaben der Sprüche
in der Handschrift Rudolf Steiners in der Fassung für die
Weihnachtstagung und in der für die Veröffentlichung im «Nachrichtenblatt», sowie Wiedergaben der während der Veranstal-
tungstage auf die Wandtafeln geschriebenen «Rhythmen» der
Sprüche.

Die Schreibweise und Interpunktion der Sprüche und «Rhythmen» entspricht hier im wesentlichen der handschriftlichen Vorlage für die Veröffentlichung im «Nachrichtenblatt».

Zu Seite 21, Zeile 14:
Zeitenwende: Hier und im Folgenden gemäß der beim Sprechen
verwendeten ersten Handschrift in einem Wort geschrieben.

Zu Seite 30, Zeile 2:
Hier wurde analog der ersten und zweiten Strophe auch in der
dritten Strophe «Das eigne Ich» statt gemäß dem Spruch «Dem
eignen Ich» an die Tafel geschrieben und – laut Stenogramm – auch
gesprochen. Vergleiche hierzu auch den entsprechenden Wortlaut
und die Tafelanschrift am 27. Dezember, Seite 34, bzw. 36.